HISTOIRE DE MAHEU LE BOUCHER

Eduardo Manet

© Éditions Gallimard
ISSN 0298-0592   ISBN 2-86943-069-8

Au Roseau Théâtre
à Jean-Claude Broche
aux Maries
qui savent vivre
ce que fidélité veut dire.

HISTOIRE DE MAHEU LE BOUCHER
D'Eduardo Manet
a été créée le 11 juillet 1986
au Festival d'Avignon off
par la Compagnie Roseau Théâtre
Mise en scène de Jean-Claude Broche,
assisté de Marie-Françoise Broche et Frédéric Maurin.
Décor de Jean et Josianne Chaunavel.
Costumes de Marie-Françoise Broche.
Musique de Vianney Frain de la Gaulayrie.

Distribution
Jehan : Jean-Claude Fernandez
Maheu : Jean-Claude Broche
Mathilde : Andrée Damant, puis Christiane Rorato, puis
Mado Maurin
Thibault, comte de Blois : Jean-Pierre Bernard
Marguerite : Mathilda Loufrani
Les guerriers : Yves Barray, Laurent Baudouin, Jean-
Claude Martin, Frédéric Maurin
Hugues de Champagne : Ary Auberger

DISPOSITIF SCÉNIQUE

Côté jardin : la zone où se réaliseront les opérations chirurgicales. Une table, un meuble pour placer les instruments, c'est-à-dire : une trousse de vétérinaire de l'époque et les matériaux nécessaires pour qu'un boucher et un tanneur exercent leurs métiers.
Côté cour : une échelle. Demi-pénombre.
Au centre : bassine, escabeau, accessoires et éléments de costumes pour que Maheu puisse se transformer en « chevalier ». Éclairage doux. C'est l'aube.

BANDE SON

Début d'une bataille : clairons, trompettes, tambours de parade.

1429. Quelque part en France.
Maheu, en cache-sexe minuscule, couvre son corps d'huile avant
d'endosser son costume de chevalier.
Jehan est assis en haut de l'échelle. Il regarde côté cour avec une
longue vue.

JEHAN. Ça y est ! Ça va commencer, Maheu ! Les combattants se mettent en place. Les troupes de notre maître bien-aimé, Thibault, le Preux, comte de Blois, se préparent à affronter l'ennemi. Je vois avancer, au loin, les gens du traître et perfide Guillaume De Barbazan. Que son nom soit maudit ! Chaque armée cherche sa place sur le terrain. Je vois...

MAHEU. Attends ! Laisse-moi deviner ! Et je te paierai une amende chaque fois que je me tromperai. Les deux armées seront tout près l'une de l'autre. Et on commandera, comme c'est la coutume, que nul n'ose sortir du rang, ni pousser en avant, tant que l'heure de l'attaque ne sera pas venue. Celui qui oubliera cet ordre sera puni sévèrement.

JEHAN. As-tu un don de divination ? C'est exactement ce qui se passe en ce moment. D'ici, je n'entends pas ce qu'ils disent, mais je vois une sorte de garde pousser chacun à sa place et indiquer, par des gestes, que de là il ne bougera point !

MAHEU. Je n'ai aucun don, Jehan, sauf celui de l'observation. Et de la mémoire. Grâce à ça, j'ai appris à connaître quelques secrets de l'ordre de la Chevalerie. Ce qui est sublime avec cet ordre c'est, vois-tu, qu'on peut, que dis-je ? qu'on doit tout prévoir à l'avance. As-tu jamais joué aux échecs, Jehan ?

JEHAN. Mais non ! Quelle idée, Maheu ! Je n'ai jamais joué à autre chose qu'au tric-trac, ou trompe-couillon.

MAHEU. Aux échecs aussi, les pièces suivent un déplacement très strict, le pion bougera de là à là... la tour aura son chemin tout tracé... Le fou, ses diagonales folles...

JEHAN. Alors, à quoi bon jouer si on n'a pas de surprise ?

MAHEU. Parce que tout est confié à l'intelligence du joueur. Stratégie et tactique sont aussi indispensables que pour mener une bataille. Un grand chef, c'est celui qui prévoit à l'avance chaque coup de l'ennemi ! Voilà la fine fleur de la guerre chevaleresque et du noble jeu des échecs.

JEHAN. Oh Maheu ! Les archers et les arbalétriers se mettent en place !

MAHEU. Les archers plantent en terre des pieux aigus pour se protéger de la cavalerie.

JEHAN. Mais oui ! C'est ça qu'ils font à présent.

MAHEU. Et pendant que les archers pensent à leur protection, les fantassins, eux, préparent leurs armes : becs de faucon, vouges, miséricordes...

JEHAN. Oh, dis donc, Seigneur ! Ça veut dire quoi tout ça, Maheu ?

MAHEU. Regarde bien. Tu verras de larges lames recourbées emmanchées à un long bâton. Voilà les vouges et les becs de faucon. Tu verras aussi de courts poignards, qu'on pourra enfoncer au défaut de l'armure des cavaliers jetés à terre. Voilà ce qu'on appelle les miséricordes.

JEHAN. Je pourrais fermer les yeux et t'écouter. Je suis sûr que je suivrais la bataille mieux que si je la regardais d'ici.

Il commence à descendre l'échelle. Il est petit, bossu et malingre. Il boîte aussi de la jambe gauche.

MAHEU. Je peux te raconter les préparatifs du combat, mais je ne peux pas te dire à qui appartiendra la victoire. Personne ne peut prévoir qui sera le plus coriace et le plus vaillant, ni ce qui transforme un guerrier en héros. Et sans héros, frère Jehan, point de victoire.

JEHAN. Comment est-il possible qu'un simple boucher de profession comme toi, Maheu, arrive à cumuler une telle sagesse et tant de connaissances ? *(Il aide Maheu à s'habiller.)*

MAHEU. Parce que j'ai voulu savoir, Jehan. Voilà le secret de toute réussite : *vouloir.* J'avais à peine dix ans quand j'ai décidé, qu'un jour je deviendrai chevalier. Il ne s'agissait pas d'une vague envie ou d'un simple caprice de gosse. Je voulais. Pour de bon. Pour de vrai. Je me suis mis alors à étudier. J'ai appris à lire. Tout seul, dans mon coin. Et depuis ce temps-là je n'ai cessé d'apprendre, questionnant, demandant, quémandant même. Il fallait que je sache tout ce qui pouvait avoir un rapport, de loin ou de près, avec la chevalerie. Et je sais tout ! Je peux le proclamer aujourd'hui avec fierté. En matière de chevalerie, je suis... incollable !

JEHAN. La chance aussi a joué en ta faveur, Maheu. Grâce à la magnanimité de notre maître bien-aimé, Thibault le Preux, comte de Blois, tu pourras quitter l'état de boucher pour passer à celui de chevalier.

MAHEU. Le comte de Blois, notre seigneur Thibault, le Vaillant, a su reconnaître en moi l'étoffe d'un guerrier. Quand aujourd'hui je mettrai genou à terre pour qu'il m'adoube, nos âmes et nos cœurs battront au même rythme. Mais l'origine de cette belle et très édifiante histoire se trouve dans le passé, Jehan, quand, à dix ans, le gamin que j'étais décida seul de son destin. N'oublie jamais cela, ami : vouloir. Accroche-toi bien à ce mot : vouloir !

Jehan doit se mettre sur l'escabeau pour aider Maheu.

JEHAN. Vouloir... C'est facile de parler ainsi pour quelqu'un comme toi, Maheu. Tu es né beau, fort, intelligent.

MAHEU. Je suis né comme toi aussi tu es né. Point. Dieu nous a fait tous de la même pâte.

JEHAN. Ne te moque pas de moi, Maheu ! Dieu a choisi la pâte pour pétrir ses créatures. Les uns sont faits d'or et de grâce, comme toi, les autres de pisse et de merde, comme moi. Regarde-moi ! Vomis sur ce corps de limace. Ces bras de pantin. Cette bosse qui pointe. Cette jambe qui boîte. Contrefait, disproportionné, mal foutu. Le fils d'un vautour et d'une poule famélique. Un cauchemar, un foetus de sorcière...

MAHEU. A dix ans, j'étais comme toi, malheureux ! Un fruit pourri, comme disait mon défunt père : crachant, toussant, pétant, traînant comme une âme en peine. Insomniaque, anémique, mort-vivant... Voilà ce que j'étais à dix ans. Mais j'ai eu une vision, et un jour, je me suis dit : tu seras chevalier, Maheu. Chevalier ? Non, c'est peu de chose, ma foi ! Combattant ! Héros ! Un second Cid Campéador ! Un nouveau Roland ! Et c'est parce que je *voulais,* tu entends ?, que je me suis mis à changer et ma vie, et mon sang, et mon corps. Je me suis mis à manger comme un bœuf, à me démener comme un taureau, sautant, courant, transportant des poids, m'exerçant à toutes les disciplines pendant des heures et des heures. Jour après jour, mois après mois. Pendant dix ans, pendant vingt ans ! Et me voilà, Jehan ! C'est moi qui ai fait ce corps ! Dieu m'a mis au monde, ma mère, la Mathilde, m'a donné naissance mais ce corps est mon œuvre ! Quant à toi, Jehan...

JEHAN. Quant à moi ?

MAHEU. Oui, toi ? Qu'as-tu fait quand je t'ai dit : viens Jehan, je vais t'apprendre l'art de développer ton corps. Courons dans les champs, jetons-nous dans les mers, escaladons les montagnes. Qu'as-tu répondu, Jehan ?

JEHAN. J'ai peur des ronces, je crains l'eau, je n'aime pas m'écorcher les mains.

MAHEU. Exactement. Tu n'as pas voulu changer. Et te voilà.

JEHAN. Et puis, flûte ! Tout le monde ne peut pas être un héros comme toi, Maheu ! On a besoin des faibles pour mieux apprécier les forts. A quoi sert la laideur, sinon à rehausser l'éclat de la beauté ? A quoi servent ceux qui perdent sinon à augmenter, par leur insuffisance, le prestige de ceux qui gagnent ? Je suis sur terre pour être ton ombre, ton valet, ton faire-valoir, Maheu.

MAHEU. Oh, merde, ne me fais pas chier, Jehan !

JEHAN. Pardon ?

MAHEU. Plaît-il ?

JEHAN. Qu'est-ce que ça veut dire ça ?

MAHEU. Quoi ça ?

JEHAN. Ces mots.

MAHEU. Tu ne sais pas ce que chier veut dire ?

JEHAN. Oui. Mais je n'ai jamais entendu une tournure pareille : ne me fais pas chier.

MAHEU. Eh bien, je viens de l'inventer. Voilà.

JEHAN. C'est comme ça que parle un chevalier ?

MAHEU. Je suis encore boucher. Je ne serai chevalier qu'après l'adoubement.

Cris, cavalcades, chevaux qui piaffent. Tambours, trompettes... Jehan retourne à sa place sur l'échelle.

JEHAN. Ça y est, Maheu ! La bataille a commencé !

Maheu finit de s'habiller.

MAHEU. Et les chevaliers paradent en armure de combat, qui ne diffère des armures de tournoi que par un moindre luxe. Je vois briller les heaumes coniques sur lesquels glisseront les épées tranchantes. Je vois les visières mobiles s'abaisser pour le combat.

JEHAN. Oui, et ces visières pointues ressemblent à des oiseaux de proie.

MAHEU. Et les fantassins avancent avec leurs équipements variés. Je vois ceux qui utilisent une brigandine pour protéger leur corps.

JEHAN. Brigandine ?

MAHEU. Un pourpoint piqué, garni intérieurement de lames de fer et renforcé de garnitures métalliques aux épaules (les spalières) et aux coudes. Je sais qu'à la fin de la guerre de Cent Ans, on appellera brigands ceux qui utilisent les brigandines. Je vois aussi ceux qui portent une cotte de cuir épaisse et matelassée...

JEHAN. Le jaque !

MAHEU. Et une cotte de mailles protégeant la poitrine.

JEHAN. Le beaubergeon ! Et des casques en métal appelés les bassinets !

MAHEU. Dis-donc, Jehan, tu as encore fouiné dans mes manuscrits et archives. Sais-tu combien coûte un seul de ces parchemins, petit con ?

JEHAN. Mais, Maheu, quelle mouche t'a piqué aujourd'hui ? Pourquoi inventes-tu tous ces mots bizarres ? C'est parler en mauvais chrétien, nom d'une pipe !

MAHEU. Je sais ! Je sais ! Ça doit être l'approche de la bataille et l'imminence de mon adoubement. Que penses-tu de mes habits de chevalier ?

Il tourne sur lui-même.

JEHAN. Bravo ! Très bien ! C'est beau !

MAHEU. On dirait que le ton n'y est pas ! Tu ne pètes pas d'enthousiasme.

JEHAN. Si, si, je t'assure. C'est bien.

MAHEU. Oh, que non ! Ta réticence est grossière. Qu'est-ce qui ne va pas, bordel ?

JEHAN. Et puis, merde ! Je ne peux pas te mentir Maheu ! Tu ne ressembles en rien aux chevaliers que je vois d'ici. Ceux-là... Quelle merveille ! Oh, admirable spectacle ! Des écuyers houssés de satin bleu, broché d'or et ourlé de petit gris, de zibeline et d'hermine. Tiens, j'en aperçois un qui porte un heaume sur lequel brille un demi-cerf en or massif. Et là, ô Seigneur ! Je vois un autre chevalier qui porte sur un tronçon de lance un collier en rubis et diamants. Et là... là... Il arrive ! Il approche, Guillaume de Barbazan, l'ennemi farouche de notre très grand seigneur et maître bien-aimé, Thibault de Blois. Cruel, traître, vil et méchant, certes, ce Guillaume de Barbazan, oui mais... Quelle classe ! Il chevauche sur un puissant destrier, houssé d'un très riche velours cramoisi à figures, tout brodé d'or sur or, et bordé à grands bords d'hermine. Oh Maheu, quel homme, quel homme !...

Bruits, cris, trompettes, cavalcades.

JEHAN. Tout est aussi magnifique, aussi exaltant, que les mille batailles décrites dans ce joyau de ta bibliothèque, dans le *Livre des tournois* du roi René, que je lis en cachette, je dois te l'avouer, quand tu t'absentes. Alors, quand on contemple ces chevaliers de légende, ces demi-dieux se déplaçant avec panache et qu'on te voit, toi, Maheu... Cet accoutrement impossible... ces matériaux disparates... mal assemblés... usés... ce bric-à-brac arraché à une décharge...

MAHEU. Je sais, bordel, je sais ! Mais je ne suis qu'un pauvre boucher ! Et eux, cette bande de cons, cette armée en hermine, ces pisse-froid, ces fils à papa, n'ont pas, n'auront jamais ce que j'ai à revendre : du courage, bon Dieu, du courage et encore du courage ! Que je sorte en lice et gare à toi, l'homme de Barbazan, Guillaume le fourbe. Je boufferai de pure joie tes rognons et ta barbe. Attends que je t'attaque, ma fourche frappera là où même l'épée de Roland s'arrêtait, impuissante. Chevalier-boucher, héros-paysan, orphelin sans héritage. Combattant aux semelles trouées, oui, à l'armure et aux armes de circonstance... oui mais, capitaine au cœur de lion, Maheu ne laissera à l'ennemi aucune chance ! Aigle royal, taureau de race, oui, je suis tout ça ! Et pire encore ! L'ouragan n'a pas de pitié, le raz de marée n'a pas de conscience ! La rage du tigre n'est rien comparée à ma soif de vaincre.

Jehan, qui stimulait par gestes la « montée » de son ami, s'écrie...

JEHAN. Hip, hip, hip, Maheu le champion ! Maheu le victorieux !

MAHEU. Champion, oui ! Et comment ? et pourquoi ? Je puise ma force dans les profondeurs minérales, dans les entrailles de notre douce France ! Ce pays a été fait par et pour nous, les humbles ! Je sais que ce soir, après d'indescriptibles et légendaires victoires, je n'aurai d'autre nom que : MAHEU, LE PALADIN DES PAUVRES !!!

Mathilde entre après les « hip, hip, hip », de Jehan. Elle ne se retient plus.

MATHILDE. Maheu, schnook ! Que fais-tu, malheureux ! Oy-oy-oy ! Qu'est-ce que c'est que ce fils que Dieu m'a donné ? Enlève ça immédiatement, Maheu ! Et je dis bien im-mé-dia-te-ment !

Elle essaiera de lui enlever le « heaume » et « l'armure ». Ils parleront dans l'action.

MAHEU. Mais, maman, calme-toi, maman ! Voyons !

MATHILDE. Me calmer ? Comment me calmer quand mon fils ne cesse pas de faire le mariolle ?

MAHEU. Je ne fais pas la mariolle ! Je fais la guerre, maman !

MATHILDE. Scholem aleichem ! Il part en guerre, mon Maheu ! Et il dit ça comme s'il annonçait son départ en promenade ! Non, mais... ! As-tu vu ta dégaine, popoche ! Sais-tu au moins ce qui se passe dehors, mon fils ? La prairie est devenue vermeille du sang déjà versé ! Les champs sont jonchés de macchabées ! Et le combat vient à peine de commencer ! C'est le carnage, boucher ! Allez ! Enlève ça ! Jette-le à la poubelle !

MAHEU. Mais, écoute-moi, mère !

MATHILDE. Enlève ça, je te dis, Maheu !

MAHEU. Veux-tu m'écouter pour une fois, pour une seule fois dans ma putain de vie, maman ?

Mathilde le gifle.

MATHILDE. Ce n'est pas parce que tu viens d'avoir trente-cinq ans que tu peux me parler comme ça ! Je suis ta mère, à genoux !

Maheu se met à genoux.

MAHEU. Oui, maman.

MATHILDE. Bon, ça va. Vas-y, parle ! Je t'écoute, schlemiel ! D'ailleurs, je ne fais que ça depuis ta naissance. Écouter les coups que tes petits pieds donnaient dans mon ventre... écouter tes borborygmes et tes rots, tout bébé... me pâmer devant tes premiers mots... maman... papa... gou... gou... poutch... poutch...

MAHEU. Mère ! Tu ne comprends donc pas ? Aujourd'hui même, je vais être nommé chevalier ! Tu devrais être fière de moi au lieu de m'engueuler !

Mathilde s'assoit, effondrée.

MATHILDE. Ahimé ! Fière... ! Toi, chevalier ! Toi, mon fils, lutter contre ces fauves assoiffés de sang ! Eux, qui portent des cuirasses faites dans les peaux des buffles...

MAHEU. Buffles de papiers ! Fauves de foire, mère ! Ce soir, ton fils sera l'unique vainqueur de mille batailles. Ce soir, maman, je serai parmi les grands !

MATHILDE. Ce soir, je chanterai le kaddish, le cœur brisé, sur la tombe de mon fils unique, toi, Maheu, le kaddishel de ma vie !

Maheu s'assoit à côté de sa mère et lui passe un bras par-dessus l'épaule. Jehan, assis en haut de l'échelle, suit la scène comme s'il se trouvait au théâtre.

MAHEU. Personne ne me touchera, mère, les coups mortels glisseront sur moi. Je suis protégé par de bonnes fées ! L'aube me trouvera intact et tout couvert de gloire !

MATHILDE. Gloria ! Gloire ! A quoi te servira cette gloire qui ne se mange pas ni ne donne de quoi bouffer ?

MAHEU. Que dirais-tu, maman, si un jour tu vois un livre, un beau, grand, très lourd livre, orné de lettres dorées et de précieuses enluminures ? Que dirais-tu si tu lisais sur la couverture de ce magnifique objet le titre suivant : « Vie et exploits de Maheu, Chevalier étoile, vainqueur immortel de mille batailles. » Eh, que dirais-tu, maminka ?

MATHILDE. Rien. Je ne dirais rien. Tu sais bien, pour commencer, que je ne sais pas lire. Et que vaut cette soi-disant gloire posthume à côté d'une solide réputation de bon boucher de ton vivant ? Boucher, oui, comme ton père, et ton grand-père et tous tes aïeux avant toi ! Tu craches maintenant sur tes origines et tes ancêtres... « chevalier » ?

Elle se lève et passe au jardin. Maheu reste assis.

MAHEU. Je ne renie rien, maminka, mes ancêtres, je ne veux que les honorer en devenant chevalier. Et puis, zut ! Qu'y a-t-il là de mal à vouloir améliorer son sort ?

MATHILDE. Un peu de respect pour mon vieil âge, Maheu ! Pas de ces mots anglais que j'abhorre et surtout pas de ces zut ! et d'autres flûte, gros jurons sordides que tu as dû apprendre en compagnie de ces soudards malpropres que tu appelles « chevaliers ».

Elle frotte avec énergie les couteaux impressionnants de boucher.

JEHAN. Ah, ça non, la Mathilde ! Je suis témoin que Maheu ne vole aucun mot à personne ! Il invente tout ! Il est très en avance sur son temps, vous savez ? Très en avance ! C'était comment ce que tu as inventé tout à l'heure, Maheu ?... Nom-d'une-pipe-ne-me-fais-pas-chier-bordel-de-petit-con...

MATHILDE. Toi, le nabot, ferme ta gueule ! On est trop bon d'accueillir un bossu, borgne et galeux, de surcroît. Reste là où t'es ! Je te demande de me décrire ce qui se passe de l'autre côté.

JEHAN. C'est un tableau véritablement dantesque ! Des corps décapités... des membres arrachés... des entrailles accrochées aux branches... fruits gluants et palpitants... La prairie verte a disparu.

Faisant place à une infecte couche d'excréments, de vomissures, de pus, de sang... *(Il regarde à nouveau.)*

MATHILDE. Le voilà, mon fils, ton rêve de gloire ! C'est donc ça que tu veux ? Mourir dans cette mare de merde ? A quoi donc ont servi les rêves de ton défunt père ? Que m'a-t-il dit avant de mourir ? Transmets-lui mes secrets, la Mathilde, apprends à notre petit Maheu les secrets de notre métier. Et moi, bête que je suis, je croyais faire ton bonheur en te racontant, soir après soir... Une boucherie, mon fils, ça se transmet de père en fils... d'oncle à neveu... ou de frère en frère. Les envieux appellent cela : une oligarchie fermée. Fiel ! Jalousie ! Laissons les chiens aboyer. De Limoges à Lyon, de Bourges à Douai, n'est pas boucher qui veut. Et ne parlons pas de Paris, mon agneau. Figure-toi, Maheu, qu'à Paris où travaillent tes cousins Jacques-la-Tripe et Jean-le-Bleu, à Paris, Maheu, la Grande Boucherie conserve le monopole de la vente de la viande cuite et crue destinée à la capitale et tous ses faubourgs. Mais, il y a plus, Maheu, mon pitseleh chéri : tes oncles appartiennent à l'une de ces quelques familles qui exploitent la trentaine d'étals situés face au Châtelet et sans lesquels, Paris crèverait... de source sûre. Imagine, Maheu, que Paris et ses faubourgs bouffent chaque semaine : 3 000 moutons... 500 bœufs... 300 veaux... 600 porcs... Et je ne parle que de la capitale ! Pense... si un jour un boucher missionnaire arrivait à convertir les vastes populations végétariennes de l'Inde au goût exquis de la viande de vache...

MAHEU. Oui... mais... qu'arriverait-il, mère, si les rôles se renversaient et qu'un yogi hindou convertissait le boucher missionnaire au végétarisme ? Eh bien, c'est à peu près cela, mère. Un miracle s'est produit et moi, Maheu fils et petit-fils de bouchers, j'ai décidé de changer de vie, de créer une nouvelle tradition, en un mot, de devenir un chevalier errant. Que dis-tu de cela, mère ?

MATHILDE. Je dis qu'une maman est un être humain comme les autres : elle peut se tromper. Puis, je n'imaginais pas que tu tenais *tellement* à devenir chevalier, mon boyshikel.

MAHEU. Comment ? Mais maman, je ne parle que de ça depuis l'âge de dix ans !

MATHILDE. Tu sais, les jeunes, ça change. La jeunesse passe.

MAHEU. J'ai bien dépassé la trentaine, mère !

MATHILDE. Pour moi, tu seras toujours, même à quatre-vingt-dix ans, mon bébé chéri !

MAHEU. Alors, tu acceptes ? Je peux aller au combat ?

MATHILDE. Que veux-tu que je fasse ? Je n'ai pas d'autre alternative.

Mère et fils s'embrassent, Jehan applaudit.

JEHAN. Bravo ! C'est ce que j'appelle une attitude intelligente, la Mathilde ! Puisque l'inévitable arrive, tu ne tournes pas le dos. Tu as le cran d'un mec, ma parole !

MATHILDE. TA GUEULE, LE BOSSU !

MAHEU. Allez, maminka, ne t'énerve pas. Il a raison. Quand il faut y aller, faut y aller. J'ai hâte de montrer ma vaillance et de déposer mes trophées à tes pieds. Mais je ne veux pas me battre sans avoir, auparavant, été adoubé par notre bien-aimé seigneur, Thibault, comte de Blois.

MATHILDE. Ah, c'était donc LUI ! Ce Sarrasin ! Ce vandale ! Ce wisigoth ! Ce cocu de merde qui t'a monté la tête pour que tu deviennes chevalier !

MAHEU. Tais-toi s'il te plaît, mère ! Le comte pourrait t'entendre malgré les ordres des chefs, les cris des blessés, et les trompettes qui forment la bande son.

MATHILDE. Qu'il m'entende ! Maudit soit le jour où mon mari le supplia de devenir ton parrain ! Je ne voulais pas moi ! Il ne faut pas se mélanger aux puissants je lui disais ! Mais lui, c'était un faible, un lèche-cul, un froussard ! Voilà ce qu'il était, mon salopard de mari !

MAHEU. Mère ! Tu parles de l'homme qui m'a engendré !

MATHILDE. Lui ? Thévenin Cormontreuil ? Dit le boucher sadique de Champagne ? Il était connu pour sa manière de tuer lentement, douloureusement les moutons, de faire agoniser les agneaux... mais, quand il s'agissait du lit nuptial, ce porc ne pouvait être le père de personne.

MAHEU. Quoi ? Mais alors... Qui ?

MATHILDE. Ce sinistre personnage que tu appelles notre seigneur bien-aimé. Ce tyran féodal. Cet Attila ! Ce bourreau... ! Ce... ce... goy... ! Thibault de Blois !

MAHEU. Quoi ? Lui ? Mon père ?

JEHAN. Oh, la, la, la ! Quelle histoire !

MATHILDE. Oui, lui ! Non content de m'avoir violée la nuit de mes noces avec Thévenin, il a continué à exercer son droit de cuissage pendant des années et des années. Certes, je ne suis pas femme à être oubliée facilement, mais, tout de même... Et tout ça avec l'approbation de ce cocu, c'est le cas de le dire, de ton père officiel : Thévenin Cormontreuil.

Maheu s'assoit, effondré.

MAHEU. Mon Dieu, c'est pour ça qu'il m'a dit un jour : tu vas être adoubé chevalier, Maheu, tu le mérites par la vaillance de ton cœur. En réalité, ce n'était pas mes qualités de cœur qu'il voulait récompenser, mais son lignage clandestin. Moi, Maheu le boucher, j'étais sang de son sang.

MATHILDE. Voilà pourquoi il te couvrait de cadeaux à Noël et le jour de ton anniversaire. Les livres sur la chevalerie, soldats de plomb, poney importé de l'Arabie, arbalètes, arcs, épées en bois... Il détruisait, en un jour, ce que j'essayais de graver dans ta tête nuit après nuit... Tu seras boucher, mon fils, rien que boucher... Aux autres les armes et les blessures... Un soir même, je l'ai supplié quand il quittait le lit : laisse notre enfant tranquille, Thibault.

MAHEU. Tu... tutoyais le comte ?

MATHILDE. Pardi ! Il m'avait bien ravi ma fleur, non, il ne se privait pas dans son langage mélangeant les mots doux avec les gros mots. Vas-y, ma jument ! Ah la Mathilde, tes nichons sont comme...

JEHAN. Maheu, ton père... je veux dire, notre seigneur bien-aimé, le comte Thibault approche !

MATHILDE. Tout seul ?

JEHAN. Non. Sa noble épouse, Dame Marguerite, notre maîtresse bien-aimée le suit de loin.

MATHILDE. Cette chienne ne lâche pas son mari d'un pouce, même pour pisser ! Et tout ça parce qu'elle me jalouse, la garce ! Je vais te préparer un petit panier avec un en-cas. Guerre ou pas guerre, on a toujours un petit creux à quatre heures. *(Elle traverse.)* En plus, je ne veux pas que la soi-disante Dame Marguerite pense que je drague son homme ! *(Elle sort.)*

MAHEU. Bâtard ! Je suis bâtard ! Et elle a attendu trente-cinq ans pour me le dire. Mon père n'est pas mon père mais un homme de paille. Et ma mère, celle que je prenais pour une sainte, le témoignage vivant de la pureté... une... une... A qui se fier si on ne peut pas avoir confiance en sa propre mère ? Le fils bâtard du comte de Blois, moi, Maheu le boucher... Devenir chevalier n'était donc pas un rêve de romantique. C'était inscrit dans le grand livre du destin.

JEHAN. Ça y est ! Il approche !

VOIX OFF *(tonitruante)*. Maheu, où es-tu le boucher ! Ventredieu ! Nombril de Belzébuth ! Corne et tonnerre ! J'ai mal !

Thibault, Comte de Blois, fait son entrée. Il doit être plus grand, plus costaud que Maheu. Il se tient le bras droit du bras gauche. Il saigne.

MAHEU. Maître ! Seigneur !

Il met genou à terre.

THIBAULT. Fais-moi grâce de tes salamalecs, boucher ! Regarde mon état ! Ah, putain, je saigne ! Et mon armurier qui m'avait juré de construire une forteresse imprenable ! Tu parles ! Il a intérêt à s'exiler aux antipodes celui-là ! Il faut inventer une nouvelle cuirasse, coulée dans des matériaux nouveaux, fer forgé, acier inoxydable, que sais-je ! Pour le moment rien ne résiste à ces foutus sabres ottomans. *(Il a une légère défaillance.)* Vite, Maheu : opère ! Je dois retourner au combat. C'est moi le seigneur de ce foutu fief, ne l'oublions pas !

MAHEU. Mais, seigneur... C'est Macié de Frépus, votre barbier qui remplit les fonctions de médecin-chirurgien à votre château !

MAHEU. Macé le barbier a reçu un coup de lance en plein trou du cul en voulant porter secours aux blessés. *(Bref fou rire coupé par une grimace de douleur.)*

MAHEU. Pauvre Macé !

THIBAULT. Eh oui... Enfourché comme une brochette de bœuf et porté en triomphe par l'ennemi jusqu'à la tente de cet enfoiré de Guillaume de Barbazan qui refuse, le couard, de se battre avec moi. *(Nouveau malaise.)*

MAHEU. Qui vous a donc blessé, seigneur, si ce n'est pas Guillaume de Barbazan ?

THIBAULT. Un mercenaire sarrasin à la solde de Guillaume le Lâche.

MAHEU. Quoi ? Un mercenaire immigré de Bab-el-Oued vous a blessé, vous, seigneur !

THIBAULT. Par les couilles du Pape, arrête ton char et soigne-moi, Maheu ! Ne vois-tu pas comme je saigne ? Grands dieux, tout ce sang bleu qui se répand, ce sang qui remonte aux plus pures sources mérovingiennes... Opère, je te dis, Maheu !

MAHEU. Mais, Seigneur, je suis boucher, pas barbier !

THIBAULT. Et alors, tu t'y connais à bien couper la viande, non ?

MAHEU. Oui, mais...

THIBAULT. Pas de mais ! Soigne-moi, empoté !

Il se couche sur la table, côté jardin.

MAHEU. Et l'adoubement ?

THIBAULT. Quel adoubement ?

MAHEU. Vous aviez promis de m'adouber aujourd'hui même ! Je veux combattre en tant que chevalier, en tant que votre fi... En tant que sujet le plus fidèle, je dois vous venger, seigneur. Il me faut tuer ce mercenaire qui vous a blessé !

THIBAULT. Beau geste ! Noble pensée ! Et crois-moi que je t'en suis reconnaissant, Maheu. Mais chaque chose en son temps. Remets en place mes bras. Tu tueras qui tu veux plus tard.

MAHEU. Mais seigneur, je vous répète que je n'ai jamais saigné ni soigné personne.

JEHAN. Moi, oui ! Il y a six mois, j'ai suivi un stage de secourisme chez les bons pères bénédictins de la région. *(Il descend l'échelle rapidement.)*

THIBAULT. Toi, le Bossu ?

JEHAN. Puis, en tant que tanneur de profession, je m'y connais, seigneur, dans l'art de bien râper un os et dans celui de racler et rafistoler des peaux. Allez, Maheu, regarde l'état de notre maître bien-aimé. C'est ton devoir de fi... filleul de ne pas le laisser se vider de son sang.

Il glisse le rideau devant la table d'opération. On verra la tête de Thibault — allongé sur la table — et la tête de Jehan. Ce rideau doit rappeler le théâtre guignol de notre enfance.

THIBAULT. Vas-y mou, le Bossu ! Un rien me fait mal !

JEHAN. Oh, la la la ! Je ne veux pas vous inquiéter, seigneur... mais... je crains qu'il ne faille couper. La chair et une partie de l'os ont été sectionnés par le sabre ottoman. J'ai le regret de vous informer qu'il va falloir vous résigner, seigneur : vous serez manchot du bras droit.

THIBAULT. Dieu le veut ainsi ! Puis, je m'en fous : je suis gaucher. Alors, tu vas opérer Maheu ? Oui ou merde !

MAHEU. J'arrive, seigneur, j'arrive !

Il a enlevé « le heaume » et « l'armure » et il a mis un long tablier de boucher.

VOIX DE FEMME *(off)*. Thibault ! Où es-tu, mon époux ? Thibault ?

THIBAULT. Ici, femme, ici !

Dame Marguerite apparaît. Couverte de poussière et de sang. Redoutable virago.

MARGUERITE. Tu te reposes, mon époux, tandis que tes troupes tombent sous les coups de l'ennemi ? Quoi, Thibault, comte de Blois, fait un somme pendant que ses hommes agonisent et que sa femme reste exposée aux attaques des hordes de Guillaume de Barbazan ?

THIBAULT. Sieste ? Repos ? Viens voir, harpie ! On a déjà rempli deux seaux de mon sang ! Le boucher-chirurgien s'apprête à tailler mon bras. Thibault le Vaillant sera appelé, à partir de ce jour, Thibault le Manchot. Et au lieu des paroles de consolation, tu verses du fiel sur ma blessure.

Dame Marguerite se tourne vers le rideau. On voit les instruments impressionnants, et couverts de sang, que Jehan et Maheu se passent.

MAHEU. Pioche...

JEHAN. Oui, chef...

MAHEU. Tenailles...

JEHAN. Voilà, chef...

MAHEU. Marteau...

JEHAN. Voici, chef...

MAHEU. Hache...

THIBAULT. Oh... ah, mère... j'ai mal... pitié... vous me tuez... tanneur... boucher...

MARGUERITE. Souffre en silence, Thibault. Lègue à la postérité l'exemple de ton courage et ne t'inquiète pas : Marguerite de Belleme, ta fidèle épouse, veillera à ta réputation si par hasard tu meurs. Oui, des messes seront dites.. des cierges allumés... mais surtout... surtout... je paierai le prix qu'il faut pour que des bardes et des conteurs honorent ta mémoire glorieuse avec poèmes et chansons de gestes, même si je dois me ruiner, on se souviendra de toi dans les siècles à venir, Thibault de Blois. C'est juré ! A présent, je retourne au champ de bataille. Qu'on n'accuse pas Marguerite de Belleme de fuir le combat.

Elle sort, dégaînant son épée.

MAHEU. Voilà. Fini. Le bras est coupé.

JEHAN. Je m'occupe du reste, Maheu. Vous verrez, seigneur, je vous ferai de la dentelle. Aucune couturière de métier ne sait aussi bien rapiécer le plus beau moignon du monde que moi, Jehan le Tanneur, sujet du comte de Blois.

THIBAULT. Mon brave. Tu seras récompensé, parole du comte de Blois. Vas-y !

Maheu s'est assis sur le tabouret, côté cour. Il regarde ses mains couvertes de sang.

MAHEU. J'ai coupé la chair de ma chair... le sang de mon sang... Un bras... le bras de mon père... tranché d'un seul coup... J'ai coupé... et mon cœur saignait pour lui. Mais son cœur à lui... que pense-t-il de moi ? A quoi peut ressembler l'amour d'un père pour son bâtard ? Depuis ma naissance, je l'appelais... seigneur... maître... comte... A Noël, j'avais le droit de lui dire parrain. Le jour de mon anniversaire : « Voici un cadeau pour toi, filleul », me disait-il. Rien qu'un jour. Un seul jour... Le reste du temps, Thibault, comte de Blois, n'a pas eu la moindre attention, le moindre regard pour Maheu, son bâtard. Il y a à peine un mois, il est venu me parler. Ce fut pour moi le plus beau de tous ses cadeaux. Je t'observe depuis longtemps, m'a-t-il dit. Si, si, sans que tu t'en rendes compte, je t'ai observé. Tu es constant, honnête, tendre avec ceux que tu aimes, implacable avec l'étranger. Je t'adouberai à notre prochaine bataille, Maheu. Je te ferai chevalier. Et voilà que ce jour est arrivé et que Thibault, comte de Blois semble avoir oublié sa parole : « Coupe la viande, boucher ! »

Thibault apparaît, le bras droit dissimulé sous ses habits.

THIBAULT. La viande est coupée, boucher ! Me voilà sur mes jambes. Un bras en moins mais le cœur à sa place. Gare à toi, Guillaume de Barbazan. Terrible sera ma vengeance ! A nous deux ! Tayaut !

Il sort, brandissant l'épée de la main gauche. Il revient sur ses pas pour dire...

THIBAULT. Merci les gars ! Bon travail !

Maheu se relève.

MAHEU. Et mon adoubement ?

Thibault ne l'entend pas ou ne veut pas l'entendre. On l'entend crier encore...

THIBAULT. Tayaut !

Jehan se place à côté de la table et du rideau. Effet : il a un bras sanguinolant entre ses mains. Il porte aussi un long tablier taché de sang.

JEHAN. Dis donc, Maheu... Qu'est-ce que je fais de ce bras ? *(Voyant que l'autre ne répond pas, il retourne derrière le rideau.)* Bon. Je vais le mettre de côté. Je suppose que Monsieur le comte voudra l'enterrer dans le tombeau familial. *(Il dépose le bras derrière le rideau puis avance vers Maheu.)* Mais... qu'est-ce que tu as ?

MAHEU. Je ne sais pas. Je me sens tout drôle.

JEHAN. Je te comprends. Trop d'émotions d'un seul coup. Ce matin, à l'aube, tu t'es habillé pour partir en bataille. Puis, on t'annonce que tu es le fils bâtard du comte Thibault de Blois. Plus tard, tu dois couper le bras de ce même comte, ton papa retrouvé... De quoi rendre dingue un quidam moins équilibré que toi. Tiens, bois un coup. Cette gnôle est super !

Ils boivent.

MAHEU. Toi, par contre, tu m'as l'air bien épanoui. Quelle mouche t'a piqué, Jehan ?

JEHAN. Sais pas. Mais... ne te fie pas aux apparences. Moi aussi, je me sens tout drôle. Veux-tu que je te dise. J'avais en horreur mon métier de tanneur. Les asticots collés aux os... la puanteur... cette matière infecte... chair mélangée au pus que je devais enlever avant d'atteindre les os... tout cela me dégoûtait, m'écœurait. Mais... tout à l'heure...

Il prend une longue gorgée.

MAHEU. Oui ?

JEHAN. En te voyant couper le bras du comte, en cousant après, lèvre contre lèvre, la blessure béante... tout à l'heure... *(Il boit.)* Un frisson de plaisir immense a parcouru tout mon corps. Et tout en cousant le moignon de ton père, je me répétais à moi-même : ...Jehan... Jehan... et si ce plaisir que tu ressens en travaillant sur la chair vivante, les muscles, les veines, les nerfs, la peau chaude... n'était autre chose que le début d'une belle, noble, héroïque vocation ? N'étais-tu pas, depuis ta naissance, sans le savoir, chirurgien ?

Deux guerriers entrent, se soutenant mutuellement. Effet : ils sont couverts de fléchettes enfoncées dans leur corps.

GUERRIER 1. Eh, l'ami ! Le comte de Blois nous envoie !

MAHEU. Que voulez-vous, les braves ?

GUERRIER 2. Que voulez-vous ? Pardi ! Tu entends ça, Pierrot ? Elle est bien bonne !

GUERRIER 1. Nous voulons des soins rapides, tête de lard !

MAHEU. Primo : tête de lard toi-même, face de pet ! Secundo : c'est un atelier de travail. Pas une infirmerie.

Jehan tire Maheu par une manche.

JEHAN. Eh, Maheu !

GUERRIER 1. Très bien. Si tu le prends sur ce ton, nous dirons au comte que son boucher-chirurgien refuse de nous soigner.

MAHEU. Je ne suis pas chirurgien, bordel ! Et je ne suis plus boucher ! Je suis chevalier, vous m'entendez ?

GUERRIER 2. Excuse-nous, à voir ta dégaine, on a beaucoup de mal à te croire.

GUERRIER 1. Oh, la barbe ! Arrêtez vos conneries ! On dirait une paire de gonzesses en train de discuter. On s'est trompé d'adresse ! Allons-nous en.

Ils se retournent pour partir.

JEHAN. Non ! Attendez ! *(Les deux autres s'arrêtent.)* Voyons, Maheu, ils sont venus sur ordre de ton père... spirituel... *(En aparté aux autres.)* C'est le filleul du comte de Blois. *(A Maheu.)* Si tu abandonnes ces deux hommes à leurs blessures, notre maître ne sera pas content.

MAHEU. OK. Mais je te mets en garde : si on aide ces deux gars, on va avoir un défilé de malpropres dans peu de temps. Et c'est pas moi qui vais soigner leurs putains de blessures !

JEHAN. Je sais... Je sais, Maheu. Tu piaffes d'envie de te battre. Mais c'est un devoir de chevalerie de porter secours à ses pairs. C'est écrit dans la charte de la chevalerie, pas vrai ? *(Il se tourne vers les guerriers.)*

GUERRIER 1. Oui... Oui...

GUERRIER 2. Pour sûr.

JEHAN. Alors, venez !

MAHEU. Où en est la bataille ?

GUERRIER 1. Difficile à dire. La mêlée est intense. Nos troupes tiennent bon mais personne ne peut prévoir qui sera le vainqueur.

MAHEU. Et le comte de Blois ?

GUERRIER 1. Thibault le Manchot ? Acharné au combat, il cherche Guillaume de Barbazan comme un enragé, mais l'autre se cache toujours.

Ils parlent pendant que Maheu et Jehan arrachent les fléchettes.

MAHEU. Le combat va-t-il durer longtemps ?

GUERRIER 2. Jusqu'à ce soir. Au point où en sont les choses.

JEHAN. Tu vois, Maheu ? Ton projet d'adoubement tient encore. Tu pourras y aller. Quant à vous, mes frères, il faut vous mettre au repos. Vos blessures sont...

GUERRIER I. Qui dit que nous ne sommes pas aptes au combat ?

JEHAN. Moi. Je l'affirme.

GUERRIER 2. Es-tu pape, prophète, devin ?

JEHAN. Je ne suis qu'un pauvre tanneur. Mais grâce à mon intuition et à une vocation de médecin évidente, je vous dis... des veines ont éclaté dans votre corps, des artères ont été sectionnées, quelques ligaments importants ont été coupés... Quant aux muscles... biceps, mollets... des trous partout. Vous êtes de vraies passoires, mes pauvres !

GUERRIER I. Tant pis. Troués ou pas troués, il faut y retourner. Pas vrai, Pierrot ?

GUERRIER 2. Pour sûr, Loulou.

MAHEU. Vous aimez tellement le Comte de Blois pour vouloir ainsi vous battre pour lui jusqu'à la mort ?

GUERRIER I. L'aimer... ? Ce bandit ! Ce goujat ! Ce vampire !

JEHAN. Gaffe ! Vous parlez au fils de...

MAHEU. Écrase, Jehan ! Ici nous sommes chez nous. Videz vos sacs, les amis ! Parlez comme chez vous !

GUERRIER I. Et dame oui ! que nous parlerons ! On en a marre d'être malmenés tout le temps sans même pouvoir élever la voix ! Nous sommes ses vassaux, oui ! Nous avons juré allégeance, d'accord ! Mais on n'est pas ses esclaves, que diable !

GUERRIER 2. Tenez, messieurs les docteurs... Jetez-vous en un derrière la cravate, comme on dit dans ma région. C'est du bon whisky de malt qu'un mien cousin a réquisitionné chez les Angliches de Lord Lancaster.

Ils boivent à tour de rôle.

GUERRIER I. Prenez notre cas par exemple. Pierrot et moi nous sommes frères, mais, étant nés très pauvres, nous n'avions que deux choix...

GUERRIER 2. ... Aller dans une grande ville comme Lyon, Metz, Paris, Orléans... et nous intégrer à l'armée silencieuse des miséreux qui crèvent la dalle sur les pavés des villes.

GUERRIER I. ... Ou nous recommander à la protection d'un chef puissant.

MAHEU. Et ainsi vous avez donc promis obsequium et servitium au comte de Blois.

GUERRIER I. Exact !

MAHEU. Et vous êtes devenus ses *vassus*.

GUERRIER 2. Vassaux... cuisiniers... valets de chambre... hommes à tout faire. Nous nous sommes occupés de ses greniers, nous sommes allés vendre ses bêtes à la foire de Flandre, nous avons taillé le gazon de son jardin et pris soin des animaux de sa basse-cour.

GUERRIER I. Ouais ! Et pendant ce temps-là, ce félon s'occupait gaillardement de notre basse-cour à nous, galvaudant gaiement nos sœurs, nos filles, nos femmes... Toutes les femelles de ma maison sont passées dans sa couche.

MAHEU. Quoi ? Lui ? Le comte de Blois ?

GUERRIER 2. Thibault « le Bandeur ». C'est ainsi qu'on l'appelle dans les dépendances du château. Toujours en rut. Pas un seul vassal, pas un seul domestique, pas un seul capitaine de ses troupes qui n'ait été cocufié par lui.

JEHAN. Mais dites-moi... Qu'est-ce qui vous transforme de valets en guerriers ?

GUERRIER I. Lui, Thibault. Et ses guéguerres.

GUERRIER 2. Lui. Et ses assauts contre ses voisins. Combien d'entre nous sont morts à cause de lui ? Des centaines, des milliers de braves types, paysans, artisans, lancés dans la bataille du jour au lendemain.

GUERRIER I. Un jour que Pierrot et moi nous faisions un petit entraînement de lutte gréco-romaine, histoire de nous amuser, le comte nous a vus, et malheur à nous, il a trouvé que nous avions l'étoffe de vrais soudards.

GUERRIER 2. « Rentrez dans mes rangs, nous a-t-il dit : Un bel avenir vous attend ! »

GUERRIER I. Il a ajouté : « Si je suis content de vous, je vous ferai chevaliers ! »

MAHEU. Quoi ? Vous aussi ?

GUERRIER 2. Bof ! Cette promesse ne porte pas à conséquence. Il dit ça à tout le monde. Histoire de ne pas vous payer votre solde.

JEHAN. Eh bien... Vous voilà comme neufs... les soins sont finis.

GUERRIER I. Allez, Pierrot. Au boulot. Merci le Boucher.

GUERRIER 2. Et, chapeau toi aussi, le tanneur, tu as... tu as de vraies manitas de plata.

Les fléchettes ont disparu des habits. Elles ont été remplacées par des bouts de sparadrap en forme de croix. Les guerriers partent. Maheu reste rêveur, la gourde de whisky à la main.

MAHEU. C'était donc ça, le comte de Blois ? Mon parrain... mon père... Un goujat... un menteur !

JEHAN. Ne l'accuse pas. Il n'est pas pire que d'autres, allez. Écoute : j'ai profité du stage chez les bons bénédictins pour me faire une petite culture en lisant leurs manuscrits accumulés pendant des siècles. Comment crois-tu, nigaud, qu'ont été créés les royaumes de France, de Navarre et le reste de notre chère Mater Europa ? Fratricides, parricides, ruses, vols, mensonges, incestes, sodomisation, fellation... Si j'avais l'âme d'un écrivain et non pas la bosse du chirurgien, je pondrais des best-sellers à la chaîne, rien qu'avec les histoires d'alcôve de nos rois. Et puis, quels noms ils se payaient parfois ! Rien qu'à penser à Charles le Chauve, je me bidonne. Et ses fils ? Louis le Bègue, Charles le Simple, sans oublier Charles le Gros, leur cousin, fils de Louis le Boche... Non, Thibault de Blois c'est un enfant de chœur si on le compare aux autres. Tiens, pendant que j'y pense : c'est peut-être pour ça qu'il n'est pas monté en titre. Comte... pas assez malin pour être roi.

Maheu n'a pas cessé de boire pendant que Jehan parle.

MAHEU. Je m'en fous de tes rois dégénérés. Mes dieux sont ailleurs. Je vise plus haut, plus loin. Toi, tu as le nez collé par terre, c'est pour ça que tu ne vois que la merde, Jehan. Moi, ce sont le ciel, les astres qui m'intéressent... Charlemagne...

« Le comte Roland chevauche par le champ de bataille
Il tient Durandal qui bien tranche et bien taille...
Il fait grand massacre des Sarrasins...
Et vous eussiez vu jeter un mort sur l'autre
Et le sang vermeil couvrir le sol... »

Voilà la France que j'aime, Jehan. Voici mes héros !

JEHAN. C'est de la littérature, mon pauvre vieux ! Ce n'est même pas sûr que tes héros ont vraiment existé. Tu vois ? Selon le Manuscrit d'Oxford, trouvé dans les fonds Digby de la bibliothèque Bodléienne...

MAHEU. « Olivier chevauche à travers la mêlée
Sa lance est brisée, il n'en reste qu'un tronçon...
Il en va frapper un païen, Malon...
Il lui brise l'écu, couvert d'or et de fleurons,
Lui fait jaillir les deux yeux
Et la cervelle tombe jusqu'à ses pieds. »

Il dit le texte en donnant des coups de karaté à Jehan qui se défend comme il peut.

JEHAN. Mais... qu'est-ce qui te prend ? C'est la boisson angliche ? Arrête ! Pouce ! Tu es dingue ! Maheu ! Fais pas le con, Maheu !

Texte intercalé dans celui de Maheu. Jehan finit à terre, côté jardin. Mathilde entre, côté cour, un panier chargé sous le bras.

MATHILDE. Mon fils chéri ! Mon chevalier de rêve ! Ta maman est fière de toi, mon petit kichelak à moi.

Maheu se tourne vers Mathilde comme s'il sortait d'un rêve. Jehan court chercher refuge en haut de l'échelle.

MATHILDE. Regarde ce que je t'apporte pour ton quatre heures, mon goodnik.

MAHEU. En campagne, on ne mange pas, maman.

Il traverse, l'air fatigué. Mathilde montre, anachroniquement, quelques boîtes et d'autres produits industrialisés.

MATHILDE. Comment, donc ! Le comte de Blois et son ennemi mortel, Guillaume de Barbazan, viennent d'arrêter le combat pour que les hommes se restaurent. Nous sommes en terres chrétiennes, mon fils, pas chez les Sarrasins. De toutes manières... Voici un pâté de chapons d'oic à l'échinéc et de l'andouille rôtie... Puis, quelques portions de riz engoulé au lait et au safran... des anguilles renversées... des pimpernaux rôtis, des marsouins poudrés à l'eau... et fromentés, spécialités de Mme Potocki, l'épicière du village... Tu as aussi du bon vieux fromage de chèvre tout croûté... de ce pain que tu aimes... les fougasses de froment... amandes sèches... figues... dattes... plein de vitamines ! Et ton litron de claret, un hypocras de première classe, crois-moi. Un mélange de vin blanc et de miel d'acacia. Et le tout... *(elle montre ravie le panier)* Dieu soit loué, ri-gou-reu-se-ment casher !

MAHEU. Pourquoi cette débauche de bouffe et pourquoi ce changement ? Tu ne voulais pas que je sois chevalier ?

MATHILDE. Je ne voulais pas non plus que tu sois boucher. J'ai toujours eu de grandes aspirations pour toi, pitseleh. Mais j'ai les pieds sur terre. Je savais que le fils et le petit-fils d'un boucher ne serait jamais rien d'autre qu'un traitant en os, viande et abats car on ne brise pas les préjugés sociaux d'un coup de baguette magique. Mais le bâtard d'un potentat peut se permettre toutes sortes d'espoirs.

MAHEU. Quoi ? Tu as proclamé dans les rues que j'étais un bâtard ?

MATHILDE. Pas moi. Lui !

MAHEU. Le comte ?

MATHILDE. Thibault, oui.

MAHEU. Mais pourquoi ? Ne pouvait-il pas se taire, après tant d'années de silence ?

MATHILDE. Guillaume de Barbazan refuse le duel contre le comte de Blois. Je ne me bats pas contre un manchot ! crie l'homme de Barbazan. Et Thibault de répondre : manchot ! mon cul ! un seul bras suffirait pour te couper les couilles, pédale ! Et si, par malheur, je n'arrivais pas à t'effacer de la terre, mon fils, le chevalier Maheu, le ferait à ma place !

MAHEU. Chevalier ? Mais il ne m'a même pas adoubé !

MATHILDE. Puisque le comte de Blois a crié à tous les vents et en pleine bataille que *son fils* Maheu est chevalier, sa parole suffit. T'as plus besoin d'adoubement, mon petit gratin de pommes à moi.

MAHEU. Il aurait dû me demander à moi, avant.

MATHILDE. Te demander quoi, ma crotte ?

MAHEU. Si je voulais toujours être nommé chevalier.

MATHILDE. Ça alors ! Il y a à peine quinze minutes tu n'as cessé de me casser les oreilles et de me briser le cœur. *(Elle imite.)* « Je veux être chevalier, mère ! », insistais-tu.

MAHEU. Justement. Beaucoup de choses peuvent changer en quinze minutes. Un volcan peut exploser... La terre se mettre à trembler... un empereur tout-puissant crever... Et une ardente vocation se troubler ou mourir.

MATHILDE. Je ne reconnais plus mon fils ! Je reviens toute contente avec des tas de nouvelles : le comte de Blois reconnaissant publiquement que tu es son fils, annonçant à toute l'armée qu'il te nomme chevalier. Tu gagnes le gros lot en un mot... et te voilà... Qu'est-ce qui te fait douter, soudainement, de cette passion qui était la tienne depuis ton enfance : devenir chevalier ?

MAHEU. La chair blessée... le sang... le cri et la douleur, maman... Quand je lisais les exploits de Roland avec les descriptions de têtes décapitées, des bras arrachés, de cervelles tombant sur la pierre, je n'y voyais que des mots, des images littéraires, rien de réel ou de concret. Je gardais toujours dans mon cœur l'élan, la générosité... une épée qui se lève vers le ciel, une armure étincelante... Je ne pensais pas à la mort, mais à la gloire. Puis, le comte de Blois est venu, et j'ai taillé dans sa chair, et son sang a coulé sur mes doigts... J'ai vu cette plaie béante que...

MATHILDE. Tu as porté sur ton dos, depuis l'âge de quinze ans, de lourds quartiers de viande sanguinolante, Maheu ? Et une toute petite plaie te bouleverse à présent ? Pourquoi ce manque de... cran, mon fils ?

MAHEU. Manque de cran ? Je suis prêt à me faire écarteler, empaler, dépecer, occire, là, tout de suite. Mais suis-je capable de blesser quelqu'un, de faire souffrir un être humain, de faucher une vie ? Je ne le sais pas, je ne le crois pas, je ne suis pas un tueur, mère...

Grand rire de Mathilde.

MATHILDE. Mais qui te parle de tuer ou de te faire tuer, mon schnook ? Comment as-tu pu croire que ta maman te laisserait, un instant, faire du mal à quelqu'un ? J'étais la première à ne pas supporter que tu me parles d'épées, de destriers, de lances et d'armures... La chevalerie est pour moi une maudite invention des goys et des névropathes. Mais, j'ai eu la chance inouïe de rencontrer, sur le seuil de sa porte, Mme Potocki, mon amie l'épicière. « Pourquoi cet air tragique, chère Mathilde ? », m'a-t-elle demandé. Et moi : « Ah, ma chère madame Potocki, mon cœur saigne ! Maheu, mon fils, l'unique trésor de ma vie, veut devenir chevalier ! » « Et quoi de mal à cela, chère amie ? » « Mais, comment donc, ma chère ? Vous aussi, vous êtes mère de famille. Que diriez-vous si vos trois gars annonçaient un jour : Maminka, nous partons en guerre, nous entrons dans la fraternité des chevaliers errants, des niais chercheurs du Graal... Quoi, madame Potocki, seriez-vous heureuse de savoir que vos fils crèveront au bout d'un long voyage ou mourront de faim dans la misère comme ce héros de

Cervantès que... » « Que dites-vous là, Mathilde ! Si cela arrivait, je chanterais, je danserais. Je hurlerais pour qu'on m'entende : Rosh Hashanah a frappé à ma porte avant la date. Réjouis-toi, Sonia Potocki ! Mais, hélas, je ne suis pas la mère privilégiée de trois gars, comme vous dites, mais la maman d'un lamentable trio de mauviettes. Mes fils ne songent qu'à devenir crémiers, pâtissiers, horlogers, que sais-je ? » *(Elle a pris une place, une attitude différente pour chaque personnage.)* J'ai longuement parlé avec Sonia Potocki. Elle m'a assuré que le métier de chevalier a beaucoup changé ces derniers temps. Il n'y a que de rares tordus qui s'entre-tuent encore. C'est le cas du comte de Blois et de son grand ennemi, Guillaume de Barbazan. Mais la chevalerie, en tant que telle, est devenue un métier de malins, une maffia. La Potocki, ayant entendu, comme tout le monde, que tu étais le fils bâtard du comte de Blois, m'a fait des confidences. Figure-toi, qu'elle *aussi*... avec un grand seigneur. Elle rencontre, deux fois par mois, Pedro Nunez, un capitaine espagnol. Selon Mme Potocki, il est en train de devenir richissime grâce à son esprit d'entreprise.

MAHEU. De quoi parles-tu, maman ? Tu es devenue folle avec ta copine ? Esprit d'entreprise... ? John de Salisbury a indiqué, il y a déjà deux siècles, les quatre devoirs inaliénables du chevalier : un : défendre l'Église ; deux : lutter contre le mensonge ; trois : protéger les pauvres ; and the last, but not the least : préserver la paix.

MATHILDE. Les choses ont bien changé en deux siècles, mon fils. Pedro Nunez a dévoilé à Sonia Potocki la vérité sur ce florissant business qu'est, aujourd'hui, la chevalerie. Sais-tu, d'après Nunez quelles sont, pour un chevalier, les trois manières les plus rapides de faire fortune ? Un : épouser une riche héritière. Deux : entrer au service du roi et profiter des avantages que le pouvoir prodigue. Trois : faire prisonnier un riche chevalier ennemi. Celle-ci, apparemment, est la meilleure façon de devenir puissant. Faire casquer la famille du prisonnier. Parfois, pendant toute une vie. Regarde les Anglais avec Charles d'Orléans. C'est pour cela, selon Pedro Nunez, qu'on ne tue que les pauvres sur le champ de bataille. De plus, sais-tu que lui et ses camarades se mettent d'accord avant le combat pour se partager les plus gros morceaux... tel duc... tel comte... tel seigneur de...

MAHEU. Qu'il parle pour lui, ce Pedro ! Ne pas se battre, vivre sur le dos d'un malheureux prisonnier correspond bien aux mœurs barbares de l'Espagne ou de la Catalogne, mais nous sommes en France, de l'autre côté des Pyrénées, là où l'Europe commence ! Ici, nous avons un code de l'honneur, mère !

MATHILDE. Il n'y a pas de déshonneur à thésauriser, mon fils. Avec quoi va-t-on payer le boulanger, l'épicier, le drapier, si on n'a pas de cash-flow ? Rappelle-toi que ton père ne faisait de crédit à personne.

Maheu s'éloigne de sa mère.

MAHEU. Pour moi, la chevalerie a été, est et sera Roland le Généreux, Roland le Vaillant et tu ne me parles que de... de... de gangsters, mère !

MATHILDE. J'ai les pieds sur terre, Maheu. Je te cite des faits. Je peux te donner des noms, des lieux, des dates... Quand les rejetons de nos plus grandes familles, quand la crème de notre noblesse kidnappe, rançonne, se conduisant en gangsters, comme tu dis... pourquoi ne pas suivre cet exemple, nous, les humbles, nous le petit peuple meurtri, démuni ?

MAHEU. « Roland sent que la mort est proche pour lui
par les oreilles sort la cervelle
pour ses pairs, il prie Dieu...
Il prie de les appeler...
pour lui-même, il prie l'ange Gabriel... »

MATHILDE. Je cite : « Les échanges, les ventes de prisonniers sont choses fréquentes, et c'est un moyen, pour un prince, de récompenser ses auxiliaires que de leur offrir un certain nombre de captifs. »

MAHEU. « Roland prend l'olifant, pour être sans reproche, et Durandal, son épée, dans l'autre main. »

MATHILDE. « Ces prises d'otages, ces échanges de prisonniers » ne sont qu'un exemple parmi d'autres. Rien n'arrête l'imagination d'un chevalier, sans peur et sans tache quand il met son cerveau au service de la très respectable obsession de s'enrichir. »

MAHEU. « Le jour passe et fait place à la vesprée.
Francs et païens frappent de leurs épées.
Ceux qui ont mis aux prises ces armées sont des preux l'un et l'autre.
Ils n'oublient pas leurs cris de guerre.
L'émir crie : Précieuse ! et Charles : Montjoie !
La devise fameuse.
A leurs voix hautes et claires ils se sont reconnus.
Au milieu du champ, tous deux se sont rencontrés.
Ils courent sus l'un à l'autre.
Ils se sont donné de grands coups avec leurs épieux
sur leurs boucliers ornés de rosaces.

Ils se sont brisés sur leurs larges boucliers.
Ils ont déchiré les pans de leurs hauberts.
Mais leurs corps sont indemnes.
Les sangles cassent, les selles se sont retournées.
Les rois tombent.
Les voilà renversés à terre.
Vite ils se sont redressés.
Avec grande vaillance, ils ont dégaîné leurs épées.
Rien n'empêchera cette lutte désormais.
Sans mort d'homme elle ne peut s'achever. »
Je... J'avais choisi la chevalerie par dévotion, par amour... pour
défendre la France, une idée de la France... que j'ai là, dans mon
cœur...

MATHILDE. Et qui pourrait te critiquer ? Tu as toujours eu ce cœur
dont tu parles, à fleur de peau, mon balebos. *(Elle va vers lui.)* Mais
ce cœur est trop tendre. J'ai peur à chaque instant qu'on te le brise !
Puis, la Bible dit : « Aide-toi, et Dieu t'aidera. » Deviens riche,
puissant, ainsi tu pourras rendre ensuite un tas de bienfaits à cette
France que tu chéris tellement. Créer des bourses pour les mutilés
de guerre, par exemple... Ouvrir des orphelinats. Regarde ce qui
arrive en ce moment même. Il y a à peine quelques jours, le 8 mai
1429, la bonne ville d'Orléans a été libérée des forces anglaises. Et
par qui ? Je te le demande ? Un prince ? un duc ? Nenni ! Par une
petite paysanne de Domrémy qui fait parler d'elle dans tout le
royaume. Voilà quelqu'un qui sait prendre les choses en main. Elle
a promis, paraît-il, de faire couronner le Dauphin à Reims. Tu
t'imagines ? Que Charles VII arrive à Paris et tu verras la Jeannette
transformée en duchesse ou en chancelière du Royaume. Et tout
ça, malgré ses très mauvaises fréquentations. Il paraît, dit Sonia
Potocki, que le véritable bras droit de la petite Lorraine n'est pas
l'archange saint Michel, mais ce débauché de Gilles de Rais, pédé-
raste notoire et pédophile endiablé ! Que Jeanne et Gilles prennent
le pouvoir en France et, bonjour les dégâts ! Ces histoires racontées
par l'épicière m'ont fait réfléchir. Pourquoi d'autres arriveraient-
ils si vite au zénith et pas toi ? As-tu enfin compris que la seule
chose que ta maman te demande, c'est de te voir vainqueur et non
pas vaincu ! *(Elle s'agenouille devant Maheu.)*

MAHEU. Je ne comprends plus ton langage, Maminka. Mon histoire
à moi, l'histoire de Maheu, *est* ou *doit être* tout autre chose. Mère...
souviens-toi de mon adolescence. J'étais un bon boucher mais un
mauvais commerçant. Ton mari lui-même ne cessait de le répéter.
« Maheu... Maheu... t'as pas la bosse du commerce, mon fils. »

Non, je n'avais pas la bosse du commerce. Je ne songeais qu'à devenir célèbre en gagnant mille batailles, mais je ne pensais pas aux sous et, surtout, je ne voulais pas apporter la misère et la douleur à qui que ce soit. Qu'on ne me parle pas de prison, de villes mises à sac, de toutes ces vilaines choses dont Mme Potocki t'a bourré le crâne. Une bourse vide, aucun otage à saigner... Mais le respect des honnêtes gens, des fleurs, des oriflammes...

Il lui caresse les cheveux comme s'il racontait une belle histoire à une petite fille.
Hugues de Champagne apparaît, enveloppé dans un grand manteau qu'il tient serré contre son ventre. Il se tient penché en avant et annonce, comme s'il s'agissait du journal de vingt heures.

HUGUES. Ici, Hugues de Champagne, Bonnes gens. Suis le. Cousin de Thibault. Comte de Blois. Cousin m'envoie. Blessure grave. Ventre ouvert. Part en part... « T'en fais pas ». M'a dit cousin Thibault. Mes gens. Te soigneront. Un travail en. Dentelle. Moi. Obligé parler. Petit nègre. Phrases courtes. Suppression articles. Si possible. Syntaxes. Renversées. Si phrases trop longues. Obligé respiration. Plus profonde. Et, alors. Boyaux sortent. Tripes tombent. Par exemple...

Il prend une longue inspiration et dit d'un trait, mais doucement comme s'il marchait sur une corde raide.

HUGUES. « Le temps a laissié son manteau
De vent, de froidure et de pluye,
Et s'est vestu de broderye
De soleil raiant, cler et beau.
Il n'y a beste, ne oyseau
Qu'en son jargon ne chante ou crye :
Le temps a laissié son manteau
De vent, de froidure et de pluye[1]. »

Effet : un semblant « d'intestins » se glisse entre les mains de Hugues, qui les rentre aussitôt sous le manteau.

HUGUES. Vous avez vu ?

MATHILDE. Oh, mon pôvre Môssieu ! Mais c'est HORRIBLE ! Comment pouvez-vous tenir debout ? Mais asseyez-vous ! *(Elle lui porte un tabouret.)*

HUGUES. Non ! Pas s'asseoir ! Faut coudre ! Moi, retourner.

(1) « Rondeau » de Charles d'Orléans.

Champ bataille. Moi. Vouloir couper tête de... Ce-salopard-fils-d'une-hyène-enragée-et-d'un-cafard-syphilitique-ce-dégénéré-de-Guillaume-de-Barbazan-lui-m'a-ouvert-ventre-avec-cimeterre-otto-man-oh-pour-couilles-Belzebuth-je-me-vide !

Effectivement, dans sa colère il a sorti toute sa voix et une longue phrase d'un trait. Il doit se plier en deux pour retenir ses viscères contre le manteau.

MATHILDE. Maheu ! Fais quelque chose ! Il va finir par marcher sur ses propres intestins !

MAHEU. Dans tout le royaume de France tu es connu pour ton avarice, ta prévarication, ta violence, Hugues de Champagne. Dans ta blessure, je vois la main de Dieu. Saint Augustin a dit : « Celui qui peut penser à la guerre et la supporter sans une grande douleur, celui-là a vraiment perdu le sens humain. » Supporte ta douleur et repens-toi. Et pour te coudre, adresse-toi à Jehan, le tanneur !

Hugues retient son ventre, aidé par Mathilde.

MATHILDE. Ce n'est pas le moment de jouer au fakir, Maheu ! Oh, merde ! Et l'autre qui se vide ! Comte ou pas comte, je ne veux pas de ses tripes sur mon parquet ! Et toi, le bossu, viens m'aider !

Elle aide Hugues à se relever. Il pèse sur elle mais retenant son ventre, à deux mains.

HUGUES. Attention ! Gentille commère. Rate éclatée. Bas du poumon droit. Touché. Peut-être. Rein gauche atteint. Je crois. Cimeterre ottoman. Instrument diabolique. Découpe en hachis. Doucement. Commère.

MATHILDE. Alors, nabot ! Descends de ton perchoir, espèce de zhlub ! Viens !

Elle disparaît derrière le paravent avec Hugues.

MAHEU. Tu parles dans le vide, maman. Monsieur boude. Monsieur est fâché parce que je l'ai un peu bousculé !

JEHAN. Bousculé ? Tabassé, oui ! Roué de coups ! Tu m'as battu comme un chien ! Moi, ton seul ami ! Ton fidèle serviteur ! Ton...

MATHILDE. Oy-oy-oy-oy ! Seigneur ! Grands dieux ! Ses boyaux se répandent sur la table ! Ciel ! Quelle infecte puanteur ! C'est ÇA l'être humain ?

HUGUES. Arrête. Conneries. Commère. Couds. Vite. Inventez. Nouveau procédé. Bon sang. Fermeture éclair. Pour retenir. Mon estomac. Je me vide. Saint Cyprien ! Je me. Vide !

MATHILDE. Jehan. Descends, yelk ! Bossu de l'enfer ! Gare à toi si tu me fais monter !

JEHAN. Non, je ne descends pas ! Na ! Ras le bol d'être votre clown ! votre clebs ! Vous n'êtes que des exploiteurs tous les deux ! Telle mère, tel fils ! Je ne bougerai pas d'ici ! Je ne coudrai rien ! Et surtout pas la bedaine du comte de Champagne ! Qu'ai-je à gagner, moi ?

MAHEU. Une datte. Deux anchois. Trois olives. Un quignon de pain noir.

MATHILDE. Vingt coups de fouet ! Voilà ce que tu gagneras si tu ne descends pas tout de suite !

HUGUES. Mon château en Touraine. Cent ducats d'or. La main de ma fille Agnès. Treize ans. Cheveux cendrés. Peau de nacre. Yeux pervenche. Pucelle.

JEHAN. Vous tiendrez vos promesses, comte ? Nous avons des témoins !

HUGUES. Je jure. Sur tombe ma mère. Sur épée provenant Charlemagne. Je jure. Mais viens coudre. Jehan. Mon frère. Mon beau-fils. Ma vésicule biliaire. Nage. Sur table. Flotte sur couche. De merde.

JEHAN. Hip-hip-hourray ! Me voilà comte, riche et mari d'une pucelle ! Viens me donner un coup de main, la Mathilde !

MATHILDE. En échange de quoi ?

JEHAN. Je pourrais te répondre comme ton fils... une datte, deux anchois, etc. Mais j'ai besoin de ton aide. Dix ducats payables après l'opération, quand mon beau-père sera cousu.

MATHILDE. Ça marche !

Ils disparaissent derrière le paravent.

HUGUES. Oui, cousez-moi ! Remettez-moi sur pied ! Que je retourne. Au combat. Sauver l'honneur. Ma famille. C'est dire ! Sauver l'honneur de la. France !

Effet : noir. Ombres chinoises ou projections à la Méliès : un corps étendu sur une table. Un homme qui coud avec un long fil. Une femme tient le rouleau avec le fil.

MAHEU. Quel honneur ? De quelle France parles-tu, Hugues de Champagne ? Une guerre longue et épuisante contre les Anglais ne nous a pas suffi. Il a fallu qu'en plus, les Français cherchent la discorde entre eux ! Cette atroce guerre civile nous anémie, rase nos campagnes, emporte les meilleurs d'entre nous, les plus braves. *(Il est enveloppé d'une lumière crépusculaire.)*

HUGUES *(de sa voix nouvelle, caverneuse).* Qui es-tu, boucher, pour décider de ce qui est bon ou mauvais pour la France ?

MAHEU. Je suis Maheu, bâtard du comte de Blois. Aussi noble que toi, Hugues de Champagne.

HUGUES. Ne me fais pas marrer, Maheu ! J'ai les entrailles en compote. Bâtard ! Mélange d'un père dénaturé et d'une garce. OHHHHHHHH !

MATHILDE. Boucle-la, imbécile ! Celle qui te recoud est la garce en question !

HUGUES. Mille excuses, Madame.

MATHILDE. Le comte de Blois a juré d'adouber mon fils Maheu, aujourd'hui même. Il sera chevalier. Et aussi preux que vous, Hugues de Champagne.

HUGUES. Chevalier ! Encore un mot pour rire ! La chevalerie est morte, ma très chère dame ! Morte le jour même où Saint-Louis est monté au paradis ! Le beau et noble titre de chevalier s'est avili. Figurez-vous qu'on nomme chevaliers aujourd'hui des bambins de huit ou dix ans. Les beaux jours d'un Du Guesclin ou d'un Bayard ont disparu. Tout marche par piston, combine. C'est devenu de l'escroquerie.

MATHILDE. Et merde ! Suffit ! Ou je te couds la bouche en même temps que le ventre !

MAHEU. Sachez, vil comte de Champagne, que l'esprit de la chevalerie ne mourra jamais. Il est né avec nos fleuves, nos arbres, nos lacs, nos montagnes... Cet esprit est tout entier dans le célèbre cri de Charlemagne : « Sera chevalier qui voudra ! » Relisez *la Chanson de Roland*, comte, le nom du *Regnum Francie* du Royaume de notre douce France est cité soixante-dix fois. La mort même devient accueillante quand, dans un dernier soupir, il prononce le nom... de France... Et ce n'est pas moi qui le dis... mais d'autres gens... d'autres voix... Ces voix que j'entends... les mêmes qui ont dû guider cette petite paysanne lorraine dont parle ma mère. Et ces voix me disent :
« La paix reviendra, Maheu,
Nous cesserons de nous blesser les uns les autres, avec les épées tranchantes...
Je vois notre beau pays nageant dans le bonheur...
Je vois partout... grâce, intelligence, rayonnement...
Nous donnerons l'exemple à d'autres peuples. »

CHOEUR. Allons enfants...
De la patrie...
Le jour de gloire
Est arrivé...

Coupe brutale. Retour à la réalité. Hugues apparaît le ventre entouré de bandes velpeau et de sparadrap. Jehan le suit : vêtements, bras, visage couverts de (ketchup) sang. Mathilde s'essuie les mains avec un torchon rouge de sang.

HUGUES. Merci, les amis ! Je me sens littéralement neuf ! La saignée et les bouts d'intestins putrides que vous m'avez enlevés m'ont fait le plus grand bien ! Je peux maintenant aller à la recherche de ce chien galeux : Guillaume de Barbazan, avant que mon cousin Thibault ne lui fasse la peau !

JEHAN. Et les cent ducats d'or, beau-père.

MATHILDE *(à Jehan)*. Dix pour cent pour moi ! Je t'ai à l'œil, mon gars !

HUGUES. Plus tard, mon brave, plus tard. On ne se balade pas avec une bourse de ducats à la ceinture, quand même ! *(Il avance vers la sortie.)*

JEHAN. Et le château en Touraine ?

Hugues se retourne.

HUGUES. En Touraine ? Qui a parlé de Touraine ? J'ai dit... en Espagne. Tu gagnes au change ! Les châteaux en Espagne sont plus riches, plus... mystérieux... plus miraculeux... plus... *(Le fou rire l'empêche de continuer.)*

JEHAN. Et la petite Agnès ? La pucelle aux cheveux blonds cendré, aux yeux de pervenche, à la peau de nacre... A quand le mariage ?

HUGUES. Quoi ! Goujat ! Comment oses-tu ? Essuie ta sale bouche avant de prononcer le prénom divin de ma fille Agnès ! Cette déesse innocente que je réveille chaque matin en la couvrant de caresses et de baisers de la tête aux pieds ! Cette créature de rêve que j'assois sur mes genoux, que je ne cesse de tâter, de palper, de découvrir à chaque instant avec extase... Ce corps pulpeux que mes doigts habiles parcourent jusqu'aux parties les plus secrètes pour m'assurer qu'il s'agit d'un être vivant et non d'un ange... Agnès... ma fille... mon amour... ma tendre chose à moi... aaaaaahhh ! mon Agnès !

Il a poursuivi Jehan en le battant avec son épée. Il sort en courant. Jehan se retrouve là où les coups de Maheu l'avaient amené. Il a sa crise.

JEHAN. Oh... mère... Pourquoi m'as-tu donné le jour ? A quoi bon être sur terre si ce n'est que pour recevoir coups, vexations... Pourquoi être victime de tant de mensonges ? Où suis-je ? Qui suis-je ? caillou, excrément... Je regarde autour de moi et je ne vois que misère et vilénie... Oui... Il aura bien raison celui qui écrira un jour : « L'enfer, c'est les autres ! »

MATHILDE. Arrête tes divagations existentielles, bossu. Viens partager notre humble goûter. Nous, les pauvres, avons moult défauts, mais nous savons, au moins, tenir parole.

Jehan s'assoit à côté de Mathilde. Ils mangent.

MATHILDE. Eh, Maheu, viens manger quelques zakouskis avec ta maminka.

MAHEU. Laisse-moi, mère... J'ai entendu des voix.

MATHILDE. Quoi ? Toi aussi ? Ma parole, le complexe de Jeanne d'Arc se répand comme un virus sur toute la France ! Des voix ? Et pourquoi pas un orchestre de cent musiciens jouant la Carmagnole, tant qu'on y est ?

Jehan pouffe de rire.

MAHEU. Elles m'annoncent que mon destin n'est pas celui dont je rêvais... Elles affirment que d'autres chemins s'ouvrent devant moi... Que je dois parcourir seul, à pied, notre beau pays, apportant la bonne parole sur mon passage. Elles disent...

MATHILDE. Arrête, Maheu ! Basta ! Tu me brises le cœur ! Je ne peux pas t'entendre parler comme ça ! Ma tante Herminie m'avait avertie : « Ne laisse pas ton gamin s'enfermer aux chiottes pendant des heures. La masturbation est à l'origine de beaucoup de maux : décollement de la rétine, ramollissement des os, surdité... que sais-je ? » Ah... ! si j'avais écouté ma tante. Aujourd'hui, tu n'entendrais pas des voix !

MAHEU. Les voix disent que ma route est toute tracée. Et que je dois partir, mère.

MATHILDE. Partir ? Où ? espèce de k'nocher ? Toi qui t'égares dans les bois comme un agneau aveugle ! Toi qui ne reconnais jamais le chemin que tu as mille fois parcouru ! Toi, la prunelle de mes yeux, partir ? Et où... ? OU ?

MAHEU. Loin... Très loin... jusqu'à Jérusalem, peut-être.

Mathilde tombe à genoux.

MATHILDE. Oh, Madre sanctissima ! Fais un miracle Virgencita ! Que mon fils Maheu ne parte pas... Un miracle, macarena...

VOIX DE THIBAULT. Maheu... mon fils... au secours !

VOIX DE MARGUERITE. Maheu... enfant bâtard de mon doux époux... à l'aide !

MATHILDE. Merci, Virgencita, pour ta réponse-éclair ! Écoute ces cris, Maheu ! Même cette chienne en rut de Dame Marguerite te reconnaît comme fils de son mari. Te voilà comte, mon fils, chevalier...

MAHEU. Non, mère.

JEHAN. Moi aussi j'entends des voix à présent et ces voix disent : « Tu as devant les yeux, Jehan, un être d'une autre espèce. Quelqu'un dont on parlera dans les siècles à venir... Tu vois devant toi le premier martien sur Terre qui... »

MATHILDE. Ta gueule, le nabot ! Toi aussi, tu as dû te branler comme une bête quand tu étais gosse ! Oh, Seigneur ! Je vis dans une maison de fous !

Le manchot Thibault de Blois, son bras valide traversé de flèches, agrippe le corps de son épouse. Il a les deux jambes traversées de moult flèches.

THIBAULT. Maheu, mon fils ! Porte-moi secours, Maheu !

MARGUERITE. Noble chevalier... Écoute la voix de ton sang... Aide-nous Maheu... !

MATHILDE. Minute ! Vous êtes doucereux quand vous êtes dans la merde, mais : qui nous dit que vous nous récompenserez après les soins ? Un chirurgien, ça se paye ! Et très, très cher !

JEHAN. Et on paye l'addition à l'avance ! Votre escroc de cousin, Hugues de Champagne, est parti après m'avoir promis mille ducats, des châteaux en Espagne et la main de son incestueuse de fille.

THIBAULT. Laisse la mémoire du cousin Hugues tranquille. Il est tombé au champ d'honneur. Dépecé par dix soudards qui en ont fait de la chair à saucisses.

MATHILDE. De la chair à saucisses !

JEHAN. Bye-bye, châteaux en Espagne.

THIBAULT. Moi, Thibault de la Bretonnière, comte de Blois, n'ai qu'une parole !

MATHILDE. Alors, adoube Maheu ! Fais de ton fils bâtard un chevalier !

Thibault et Marguerite se regardent.

MARGUERITE. Accepte, chéri ! Adoube-le une bonne fois pour toutes et qu'on en finisse avec ce... ce... mafioso !

THIBAULT. « Reçois cette épée au nom du Père, du Fils et du Saint-Esprit. Sers-t'en pour ta défense, pour celle de la Sainte Église de Dieu et pour la confusion des ennemis de la croix du Christ. » Je te déclare chevalier, mon fils...

Mathilde et Jehan s'embrassent.

MATHILDE. Mon fils est seigneur ! mon fils est chevalier !

THIBAULT. Par tous les saints de l'enfer, Maheu ! Arrache-moi ces flèches ! Soigne-moi ! Aie pitié de moi, Maheu !

MAHEU. Frappez à une autre porte, Thibault de la Bretonnière. Jamais plus Maheu ne tranchera la chair et l'os.

THIBAULT. Quoi ? C'est moi... moi... la chair... le pus... la vermine de ton père... Je ne veux pas être rongé par la gangrène !

MAHEU. Tout corps est d'origine divine... Toute blessure sacrée... Je ne saurais trancher ta chair, père...

THIBAULT. Tu entends ça, Titilde ?

Il s'est tourné vers Mathilde.

MATHILDE. Mais ne t'inquiète pas, mon gros. Titilde est là, comme toujours. Et je saurai m'occuper de toi.

Jehan aide Mathilde à transporter le comte Thibault.

THIBAULT. Ah, Titilde ! Toujours tes bons mots ! Crois-tu que j'aie oublié ton adresse, vieille cochonne ? Je n'ai pensé qu'à toi pendant mes interminables croisades en terre infidèle. La Mathilde ! Ah, ton tour de langue, ma glorieuse !

MATHILDE. Tais-toi, Thibault ! Singe lubrique ! Où te crois-tu ? Dans un théâtre porno de Macao ou de Marseille ?

Ils passent derrière le paravent. Dame Marguerite observe Maheu, rêveuse.

MARGUERITE. Ainsi donc, te voilà promu chevalier, Maheu, boucher, insolent, prétentieux même... Oui, tu es tout ça à la fois, Maheu... mais Dieu ! Quel corps le Seigneur t'a donné ! Ces épaules ! Je t'observais depuis que je suis venue à ce sinistre château. Un peu plus âgée que toi — oh, pas beaucoup ! —, je t'ai vu grandir, Maheu ! Je tournais autour de toi, abeille attirée par des arômes enivrants mais tu croyais que c'était pour mieux t'espionner ! Tu pensais que je te haïssais, balourd. Puis, un jour... tu avais seize ans, moi vingt, et un ventre énorme car, mariée depuis peu au comte de Blois, il n'avait pas tardé à m'engrosser. Tu m'as regardée droit dans les yeux pour me dire : « Vous ne l'aimez pas,

Dame Marguerite ! » Ciel ! Je ne t'aimais pas, cruel ! Chaque jour je pleurais avant de m'endormir pendant des heures et des heures en murmurant : je t'aime tant, Maheu, que je ne puis durer...

MAHEU. Reprenez vos sens, Madame !

MARGUERITE. Les sens ! Combien de sens peut avoir un mot comme celui-là : les sens ! Oui ! Je perd les sens pour toi car tu as su réveiller tous mes sens ! Goût, vue, ouïe, odorat... Je suis sens dessus-dessous à cause de toi, Maheu !

MAHEU. Mais... c'est de l'inceste ! Vous êtes ma belle-mère. Vous êtes l'épouse de mon père, Madame !

MARGUERITE. Peu importe l'inceste. Aimons-nous pour toute l'éternité. En enfer s'il le faut ! Oui, que les flammes brûlent nos âmes pour les siècles des siècles ! Mais unissons nos corps, ici-bas, sur terre... Là, tout de suite. Forniquons, Maheu ! Au nom du ciel ou de l'enfer ! Forniquons ! *(Elle se lance sur lui.)*

MAHEU. Dame Marguerite ! Par respect pour mon père ! Pensez au comte Thibault ! Là ! derrière ce paravent !

Cris de Thibault.

VOIX DE THIBAULT. Titilde ! Que fais-tu ? Non... Pas ça !

MATHILDE. Il le faut, mon grand ! Ta carcasse est pourrie ! souffre en silence !

Cris de Thibault.

MARGUERITE. Dix-neuf ans... J'attendais cet instant depuis dix-neuf ans ! Oui. Mais tout arrive dans la vie... la mort, l'amour... Tu es à moi... Maheu... à moi... !

MAHEU. Dieu... Oh, mon Dieu... Obtenez-moi le don de cette grâce divine... qui sera la protectrice et la maîtresse de mes cinq sens... qui me fera travailler aux sept œuvres de miséricorde... croire aux douze articles de la foi... et pratiquer les dix commandements de la loi... et qui enfin me délivrera des sept péchés capitaux jusqu'au dernier jour de ma vie...

Les deux textes se chevauchent.

MARGUERITE. J'ai tant attendu que je mérite bien cette revanche contre le destin. Inceste... ah, oui, inceste. Je serai ta mère et ta fille... ta sœur et ton épouse... Revivons ensemble la sublime tradition des dynasties égyptiennes. A toi... Maheu, à toi !

Elle se met à cheval sur Maheu. Mathilde apparaît.

MATHILDE. Ça, alors ! Dame Marguerite, voulez-vous laisser mon garçon tranquille ! Vous n'avez pas honte ? Une femme de la noblesse se conduisant comme une... une salope !

Marguerite met de l'ordre dans ses vêtements.

MARGUERITE. Eh vous, la bouchère... vous n'êtes pas bien placée pour faire la morale à qui que ce soit. Tous les soudards de vingt lieues à la ronde se vantent d'avoir connu les charmes secrets de celle qu'on appelle : La-Mathilde-tiens-moi-bien-chaud !

MATHILDE. Vos insinuations salaces ne pourront jamais m'atteindre. Je ne m'abaisserai pas à rappeler comme on vous appelle vous, Madame, dans tous les cabarets des bas-fonds. Mais nous ne sommes pas là pour discuter de nos réputations mutuelles. Venez plutôt prendre ce qui reste de votre honorable époux.

Effet : Jehan apparaît poussant Thibault sur un chariot. Sans bras, sans jambes — jusqu'aux genoux —, le Comte a été emmitouflé comme les bébés du Moyen Age.

MARGUERITE. Par la Crucifixion du Christ ! Qu'a-t-on fait de toi, Thibault !

MATHILDE. J'ai dû couper net. La gangrène rongeait ses membres.

THIBAULT *(prenant une voix de châtré).* Les jambes, oui ! Mais pas mes génitaux ! Pourquoi m'avoir châtré, la Mathilde ?

MATHILDE. Ça t'aurait gêné pour ton nouveau moyen de transport !

THIBAULT. Je soupçonne plutôt une atroce vengeance, longuement ruminée au fond de ton cœur. Peu importe ! Un vrai homme, il a les couilles dans le cerveau et pas entre les jambes. GARE A TOI, GUILLAUME DE BARBAZAN. Je te détruirai par la seule force de ma voix. Elle conduira mes hommes à la victoire... ! Allez, Margot ! Amène-moi au combat !

MARGUERITE. Mon pauvre ami ! L'homme de Barbazan se moquait de toi quand tu n'étais qu'un simple manchot, Thibault. A présent, que dira-t-il en voyant le triste cul-de-jatte que tu es devenu ?

THIBAULT. Harpie ! Tu veux me saper le moral ! Tu veux me réduire à zéro ! Tu veux le triomphe de l'ennemi !

MARGUERITE. Non, je veux la victoire, Thibault ! Je veux arracher de mes mains le cœur et le foie de Guillaume de Barbazan, pour les manger tout crus. Je veux qu'on fasse table rase de l'ennemi, qu'il ne reste pas un seul desperado de l'armée de Guillaume. Je veux qu'on envahisse les terres de Barbazan, qu'on pille ses possessions, qu'on vole ses trésors, qu'on viole puis qu'on trucide sa femme, ses filles, sa mère et ses sœurs... Je veux que... !

THIBAULT. Mes soupçons étaient donc vrais ? Tu as été la maîtresse de cet infâme Guillaume de Barbazan ?

MARGUERITE. Oui, Thibault ! Vu les circonstances, je peux te l'avouer maintenant. J'ai été séduite, bafouée, humiliée, battue, transformée en chienne suppliante par ce... ce... cet étalon sublime !

THIBAULT. Assez, louve lubrique ! Étrangle-moi ! Enfonce ton épée dans mon cœur ! Jette-moi dans la fosse aux lions ! Mais ne me laisse pas vivre après cet aveu intolérable !

MARGUERITE. Non ! Je veux que tu vives, Thibault ! Je veux que tu sois le témoin de ma vengeance !

THIBAULT. Te venger ! Comment te venger ? Tu as bien raison, va ; je ne suis qu'une tête et un tronc... un misérable cul-de-jatte... un phénomène de foire. Comment te venger... nous venger ? Comment réduire à néant Guillaume de Barbazan, ce géant tout-puissant ?

MARGUERITE. Passe la main, Thibault ! Fais conduire ton armée à la bataille par un chevalier preux, audacieux, sans tache !

THIBAULT. Mais qui ? Quand je pense à ce tas d'abrutis qui me secondent ! Aucun de mes lieutenants ne pourra...

MARGUERITE. Lui !

Elle s'est relevée et indique Maheu d'un geste large.

THIBAULT. Lui ? Maheu ?

MARGUERITE. Lui. Ton fils !

THIBAULT. Mais... ce n'est qu'un boucher. Il n'a aucune expérience du commandement...

MARGUERITE. Il a le cœur... le corps... l'allure... l'impact... !

JEHAN. Oui, il a le look, comme diraient nos ennemis les Anglais ! Pas vrai, Maheu ?

MARGUERITE. Les gènes, tes gènes ont dû lui transmettre ce dont un chef a besoin : le sens de l'improvisation, une ample vision stratégique... des ruses de guerrier chevronné...

Elle fait signe à Mathilde de la seconder.

MATHILDE. ... Fureur de vaincre...

MARGUERITE. Un nouveau Du Gesclin !

MATHILDE. Un autre Charlemagne.

MARGUERITE. Ton portrait, Thibault !

THIBAULT. Mais, il ne veut pas se battre, il l'a dit !

MARGUERITE. Il peut changer d'avis.

MATHILDE. Surtout pour faire plaisir à sa Maminka ! Pense à la belle armure que Monsieur le Comte te donnera, mon fils !

MARGUERITE. Pense à l'ivresse du triomphe !

JEHAN. Pense à nous, Maheu.

MARGUERITE. Accepte, chevalier !

MATHILDE. Accepte, mon pitseleh !

JEHAN. Accepte, mon pote !

THIBAULT. Accepte, mon fils ! Tu hériteras de mon titre, de mes terres...

MATHILDE. Comte Maheu !

MARGUERITE. Comte aujourd'hui ! Demain prince...

JEHAN. Et roi, peut-être !

THIBAULT. Il a raison, mon fils, car toutes les portes sont ouvertes aux vaillants. Et bien des rois et même des empereurs ont commencé plus bas que toi, Maheu.

MARGUERITE. Accepte !

MATHILDE. Accepte !

JEHAN. Accepte !

Les répliques se chevauchent. Les deux femmes et Jehan forment un demi-cercle derrière Maheu. Celui-ci s'éloigne pour leur faire face.

MAHEU. Non. Je ne marche pas !

THIBAULT, MARGUERITE, MATHILDE, JEHAN. Maheu !

MAHEU. Lapidez-loi ! Déshéritez-moi, crucifiez-moi, s'il le faut ! Je refuse de devenir brigand, assassin, tortionnaire et tout cela pour finir dépecé dans un combat quelconque ou poussé sur un chariot comme un sac à patates !

THIBAULT. Tu es chevalier à présent ! Tu as des devoirs à remplir envers les tiens ! Cours me venger, Maheu !

MAHEU. Mes devoirs n'appartiennent plus à ce monde ! Combattant, oui, mais aux ordres des archanges ! Chevalier, oui, mais pour défendre le Christ ! Mon armée sera composée de centaines, de milliers de visages anonymes. Pas d'armes pour mes soldats, l'espoir comme bouclier, la foi comme épée, l'amour de la Vierge Marie comme unique armure !

THIBAULT. C'est ça l'héritier de mes gènes ? Il n'a rien de moi, celui-là !

MARGUERITE. Il a tout de ton oncle paternel, le seigneur de Malaucène. La folie perce dans son regard. J'aurais dû m'en rendre compte avant. Un schizophrène teinté de mongolien. Cela explique qu'il se soit refusé à moi quand j'avais vingt ans.

THIBAULT. Mais... à cette époque tu étais enceinte de mes œuvres, femme !

MATHILDE. Et mon fils Maheu n'avait que... quatorze ans !

MARGUERITE. A quoi bon remuer la fange du passé ? Maheu n'est qu'un pauvre fou... Le comte Thibault n'est qu'un cul-de-jatte et moi, Marguerite, je ne suis qu'une lionne assoiffée de vengeance. Allez, mon époux, au combat !

THIBAULT. Quel combat ? Regarde-moi ! Il a bien raison, Maheu le Dingue : je ne suis qu'un sac à patates. Jette-moi aux ordures. Et qu'on ne parle plus du comte de Blois !

MARGUERITE. Aie au moins le sens des circonstances, crétin ! Grâce à ce chariot et à ta nouvelle voix de soprano grecque, tu deviens un symbole. Sans bras, sans jambes, mais voici Thibault l'Increvable. Pense à l'impact de ta présence. Grâce à tes déficiences, tu deviendras le héros que tu n'as jamais été, Thibault. L'armée te fera un triomphe.

THIBAULT. Tu crois ?

MARGUERITE. J'en suis sûre ! Puis, si ça ne marche pas, n'oublie pas tes propres paroles : les testicules se portent au cerveau. ET MARGUERITE LOUISE DE BELLEME A DES COUILLES MULTIPLIÉES PAR QUATRE !!! AU COMBAT, COMTE THIBAULT !!!

Elle lui met un couteau entre les dents et pousse le chariot vers la sortie.

THIBAULT *(avec le couteau entre les dents)*. Au combat !

Marguerite et Thibault sortent. Mathilde se tourne vers Maheu.

MATHILDE. Alors... Tu pars... ? Tu me quittes ?

MAHEU. Il le faut, mère... Il le faut !

MATHILDE. Je pourrais... t'accompagner.

Il s'approche, passe un bras sur les épaules de Mathilde. Jehan regarde la scène dans la demi-pénombre, puis s'éloigne lentement pour s'affairer derrière le paravent.

MAHEU. Non, mère. Tu n'as plus l'âge, ni l'entraînement nécessaire pour m'accompagner sur ce... chemin de Damas... Nuits sans sommeil, rien à manger, sous la pluie, la neige, le vent.

MATHILDE. Maheu, mon fils, es-tu un fou ou un saint ?

MAHEU. Qui peut dire, mère, où se trouve la frontière entre santé, folie et sainteté ? Je ne suis sûr que d'une seule chose : ma vie a changé au moment où j'ai coupé la chair vivante de mon père. Puis... j'ai eu cette illumination... j'ai entendu ces voix... Je m'étais voué à la haine, l'orgueil et la violence depuis l'âge de dix ans... Aujourd'hui, Maheu, l'ex-boucher, l'ex-chevalier armé... fait don de soi-même pour une seule cause : lutter contre le mal, l'injustice et l'ignorance.

MATHILDE. Et moi, Maheu ? Moi !

Elle l'étreint.

MAHEU. Tu seras toujours dans mes pensées, maminka. A chaque instant de ma vie.

Ils se caressent mains, visages... avec volupté.

MAHEU. Je te jure que... partout où j'irai, ton nom sera vénéré, mère.

Ils s'embrassent. Passionnément.

VOIX. Victoire ! Victoire ! Dame Marguerite a coupé la tête à Guillaume de Barbazan ! Victoire !

Tambours. Olifants...

VOIX DE MARGUERITE. Victoire ! J'ai mangé le cœur et le foie saignants de Guillaume le Lâche !

Cris de « Victoire ». Musique. Le son s'éloigne.

MAHEU. Il est temps de partir, maman.

MATHILDE. Non ! Maheu ! Non !

MAHEU. Mère, je pars pour combattre sous les oriflammes de Notre Seigneur Jésus-Christ ! Je pars pour sauver nos âmes, mère ! Prie pour moi ! Ne pleure pas ! *(Il commence à sortir à reculons, regardant toujours Mathilde. Un chant angélique s'élève.)* Je sais que nous nous reverrons bientôt, un jour, quelque part. Du côté des chérubins, Mathilde. Adieu... mon cœur... Adieu !

Effet : éclairage spécial pour Maheu. Il s'éloigne comme s'il marchait sur un nuage. Voix, orgues.

MATHILDE. Maheu ! Il n'a même pas pris son goûter ! Mon fils est un saint ! Un saint !

Jehan apparaît transportant deux paniers chargés d'accessoires.

JEHAN. Bien sûr que Maheu est un saint ! Et c'est notre devoir de rappeler au monde sa présence lumineuse et son divin passage sur la Terre. Moi, Jehan, héritier spirituel de Maheu, je certifie que ces reliques ont appartenu ou ont été sanctifiées par Maheu !

MATHILDE. Reliques ?

JEHAN. Oui, Dame Mathilde : reliques. Souvenirs prodigieux laissés par notre saint ! Médaillons... à l'effigie de Maheu... Quelques boucles *(il prend une grosse poignée de faux cheveux)...* Des sandales... des pagnes...

Son stéréophonique. Mélange de musique, chants puis des voix enregistrées.

VOIX ENREGISTRÉE DE JEHAN. Demandez les médaillons de Maheu ! Demandez ses boucles ! Le bol utilisé pour son café... Son gant de toilette !

VOIX ENREGISTRÉE DE MATHILDE. Demandez les souvenirs de mon fils Maheu... Ses dents de lait... Ses couches de bébé...

VOIX ENREGISTRÉES DE MATHILDE, JEHAN. Demandez le portrait de Maheu... Ses lettres... ses cartes postales autographiées... Demandez ses tee-shirts... Demandez la brochure : « Histoire de Maheu » aux Éditions Papiers.

Mathilde et Jehan vendent au public brochure, photos et tee-shirts.

Cet ouvrage a été réalisé
sous la direction de Christian Dupeyron,
éditeur libraire,
par Maxence Scherf et Sophie Bagur.

Il a été composé en Bodoni corps 11 par Compographic à
Boulogne-sur-mer, et imprimé sur papier vergé Con-
queror, sur les presses de Abexpress à Bondy. Ses
cahiers ont été cousus et brochés.

Dépôt légal : 4e trimestre 1986.